AF581423

# INAUGURATION

DE LA

# SALLE DE RÉUNION

DE LA

## SOCIÉTÉ DE SECOURS MUTUELS

DES OUVRIERS

DE LA VILLE DE SOISSONS

SOISSONS

IMPRIMERIE FOSSÉ D'ARCOSSE FILS

15, RUE SAINT-ANTOINE, 15

1876

# INAUGURATION

# DE LA SALLE DE RÉUNION

DE LA

## SOCIÉTÉ DE SECOURS MUTUELS

## DES OUVRIERS DE SOISSONS.

---

L'inauguration de la salle de réunion de la Société, construite, rue de Guise, par les soins du président, M. Perin, a eu lieu le dimanche 5 mars 1876, avec une grande solennité. Le Président, a ouvert la séance par la présentation d'un rapport que l'on trouvera plus loin. De chaleureux applaudissements ont interrompu, à diverses reprises, la lecture de ce document; puis, après l'exécution d'une cantate composée pour la circonstance, et chantée par l'Orphéon, sous la direction de M. Lecer, la parole a été donnée à M. H. de Lapommeraye, qui a fait une intéressante conférence sur le DEVOIR. Les trois mots inscrits sur la bannière de la Société : *Moralité*. *Travail et Prévoyance* ont servi de thème à l'orateur pour développer d'excellentes considérations sur le DEVOIR et sur la Famille. La Fanfare municipale, conduite par son chef, M. Mullot, avait bien voulu prêter son concours à cette fête de famille à laquelle assistaient un certain nombre de membres, appartenant à des sociétés voisines. Durant la séance, M. le Maire de Soissons a remis à M. Barbier, trésorier de la Société, au nom du ministre de l'intérieur, une médaille d'honneur, qui est la légitime récompense de longs services rendus à la Société. Une quête, organisée en faveur des victimes du puits Jabin, a produit une somme de 305 francs 10 cent.

---

## RAPPORT DE M. PERIN.

Messieurs,

Des circonstances indépendantes de la volonté de votre commission administrative ont retardé jusqu'ici notre séance trimestrielle ; aujourd'hui nous pouvons, sans arrière-pensée, nous réjouir dans cette réunion de notre grande famille, et montrer à tous ce que peuvent faire des hommes de cœur associés pour mettre en pratique cette inscription de notre bannière : Aimons-nous, aidons-nous. Nous éloignons de notre association toute action contraire à ce principe, qui est l'essence même de la charité chrétienne ; c'est parce que nous ne nous en écartons pas que la sympathie générale est venue nous entourer, et c'est ce qui vous explique la nombreuse assistance qui veut bien inaugurer avec nous notre salle de réunion. Les Muses elles-mêmes : la Poésie, la Musique et l'Eloquence, nous prêtent leur concours ; vous entendrez tout à l'heure la cantate où M. René

Fosse d'Arcosse dans les paroles, et M. Mullot dans la musique, ont mis tout leur talent, et surtout tout leur cœur; et M. de Lapommeraye, en développant notre seconde devise, vous démontrera, avec les accents sympathiques qu'il sait si bien trouver, que l'homme moral, l'homme laborieux, l'homme prévoyant, est essentiellement l'homme du devoir.

Aujourd'hui aussi, Messieurs, les quatre Sociétés populaires de Soissons se rencontrent dans un même sentiment de fraternité; l'Orphéon, la Fanfare, la Société de gymnastique et la Société de secours mutuels se donnent la main, et la sœur aînée adresse à ses trois cadettes ses plus chaleureux remerciements pour l'appui qu'elles lui apportent dans cette circonstance solennelle.

Saluons également, Messieurs, les Sociétés de secours mutuels des villes voisines, dans la personne de leurs représentants qui, champions ardents et convaincus de la mutualité, ont voulu venir une fois de plus affirmer les sentiments dont nous sommes animés les uns pour les autres, et resserrer les liens qui nous unissent.

Permettez-moi, Messieurs, de vous dire, aussi brièvement que possible, quel a été le passé de notre association et quelle est sa situation présente. J'espère que lorsque l'on connaîtra les résultats de nos efforts communs, de nouveaux membres honoraires voudront bien se joindre à nous pour nous aider, comme leurs devanciers, à continuer notre œuvre, et que de plus nombreux membres participants viendront prendre part aux bienfaits que la Société répand autour d'elle.

Au mois de septembre 1840, quarante-quatre ouvriers, comprenant qu'en réunissant leurs efforts ils se donneraient un appui qu'ils ne rencontreraient jamais dans l'isolement, fondaient la première Société de secours mutuels du département. Leurs ressources étaient bien modestes cependant : c'est avec 150 francs qu'ils commencèrent leur œuvre. De ces quarante-quatre fondateurs, deux seulement restent encore parmi nous ; aux quarante-deux que la mort a enlevés rendons ici un pieux hommage en adressant à leur mémoire le témoignage de la reconnaissance de la Société.

Avec le peu de ressources dont vous pouviez disposer, les secours que vous accordiez aux malades étaient minimes et limités à un temps fort court ; ils consistaient seulement dans les soins du médecin et 1 franc d'indemnité par journée de maladie pendant six mois. Plus tard, lorsque vous n'avez plus borné votre association aux seuls ouvriers en bâtiments, mais que vous avez accepté parmi vous tous les corps d'état, que vous avez admis les membres honoraires qui vous offraient leur généreux concours et porté la cotisation mensuelle de 1 fr. à 1 fr. 50 c., vos ressources augmentèrent dans de larges proportions, et vous vîtes votre association prendre un essor sur lequel ne pouvaient certes pas compter ses fondateurs.

Et d'abord le nombre des membres augmenta rapidement : nos contrôles constatent l'inscription, depuis l'origine, de 627 sociétaires, agrégés ou orphelins, et de 307 membres honoraires tant de la Société que de l'agrégation ; au 1er janvier dernier, l'association comprenait 195 membres honoraires et 328 membres participants de toute catégorie ; en tout 523. Vous voyez que nous sommes loin des 44 de la fondation.

Ce qui a contribué à augmenter ainsi le nombre des sociétaires, c'est que, dans la population soissonmaise, on apprenait peu à peu à connaître les avantages de la mutualité, qu'on savait, par les comptes-rendus annuels, toutes les améliorations que vous cherchiez à apporter dans votre institution et qu'au fur et à mesure que votre fonds de réserve s'accroissait, vous en étendiez les bienfaits. C'est ainsi que l'indemnité de journée de maladie fut élevée à 1 fr. 50 c. et allouée pendant un an, les frais pharmaceutiques mis à la charge de la caisse sociale, une sœur garde-malade appelée à donner des soins à nos malades et à panser les blessures de ceux qui réclameraient ses bons offices ; une lingerie a été créée qui met à votre disposition le linge bien souvent nécessaire dans un ménage d'ouvrier, surtout lors des longues maladies, des appareils à l'usage des malades et des blessés font maintenant partie du mobilier de la Société ; 54 jardins ont été affectés à autant de sociétaires et leur offrent des ressources bien précieuses, tout en leur procurant une distraction, qui, partagée par la famille entière, les repose des fatigues de l'atelier ; bientôt six salles de bains seront entièrement prêtes et, moyennant une légère rétribution, pourront servir aux sociétaires et aux membres de leur famille habitant avec eux. C'est là, Messieurs, une des plus importantes améliorations, au point de vue hygiénique, parmi celles que vous avez introduites dans votre association.

Enfin, Messieurs, vous n'avez pas oublié que, si les deux extrémités de la vie doivent être entourées de respect et de vénération, il faut aux enfants une protection de chaque jour et aux vieillards des ressources qui viennent suppléer à celles dont les privent trop souvent leur âge et leurs infirmités. C'est dans ce but que, chaque année, vous versez à la caisse des retraites une somme importante qui, augmentée des intérêts et des subventions accordées par le gouvernement, vous permet de faire à vos vieillards une rente viagère, d'abord fixée à 80 fr. à l'âge de 65 ans, après 25 ans de présence à la Société, puis élevée à 100 fr., et plus tard enfin accordée à l'âge de 60 ans. Nous pouvons, dans l'état actuel de notre caisse de retraite, assurer à dix de nos vieillards une rente de 100 fr..

Après les vieillards, votre sollicitude s'est étendue sur les enfants et, il y a trois ans, vous les admettiez comme agrégés à la Société, à partir de l'âge de sept ans; moyennant une modique cotisation, ils reçoivent les soins du médecin et les médicaments leur sont, comme à leurs parents, délivrés gratuitement. Chacun d'eux est muni d'un livret et si, à la fin de l'année, lors de notre fête patronale, leurs notes d'école ou d'apprentissage ont été constamment bonnes, il leur est remis, à titre de récompense, un livret de caisse d'épargne auquel ils ont toujours le droit d'ajouter, mais dont il ne leur est permis de retirer aucune somme avant leur majorité.

Mes chers enfants, lors des distributions de prix dans vos écoles, il est donné à ceux d'entre vous qui l'ont mérité par leur travail et leur bonne conduite des livres et aussi des livrets de caisse d'épargne: la Société de secours mutuels, dont vous faites partie maintenant et qu'il faut apprendre à aimer comme une seconde famille, a voulu suivre cet exemple. Mais vous êtes-vous demandé quelquefois, mes amis, quel était le but de ce dernier genre de récompense? Pourquoi, au lieu d'un livre que vous auriez lu avec plaisir et où certainement vous eussiez puisé d'utiles leçons, il vous est donné, non pas de l'argent avec lequel on ne peut et on ne doit pas payer, pour ainsi dire, vos succès d'écoliers, mais un livret qui ne contient que l'inscription d'une somme plus ou moins élevée à laquelle il vous est interdit de toucher quant à présent ? Non, peut-être. Eh bien ! Mes enfants, ce petit cahier de quelques pages, blanches pour la plupart et qui ne demandent qu'à être remplies, contient aussi, comme vos livres, une leçon bien importante. Lorsque vos parents vous placent dans un collége ou dans une école, ils ne veulent pas seulement qu'il vous soit donné de l'instruction, ou, pour m'expliquer plus clairement, que vous appreniez seulement à lire, à écrire, à compter, ils veulent aussi qu'il soit pourvu à votre éducation, c'est-à-dire que l'on vous enseigne vos devoirs, que l'on façonne non-seulement votre esprit, mais aussi votre cœur et que les exemples de vertu que vous aurez sous les yeux vous mettent à même de corriger vos défauts. Or, mes amis, une des premières vertus à inspirer à l'enfant, c'est l'économie. Eh bien ! Ce livret de caisse d'épargne, c'est un livre où, si vous savez le lire, vous verrez écrit : *Prévoyance*. C'est donc une leçon de prévoyance que ces quelques pages vous donnent. Et savez-vous ce que peuvent produire de petites sommes ajoutées les unes aux autres et augmentées sans cesse des intérêts, minimes pourtant, que donne la caisse d'épargne ? Faites-en le calcul et vous trouverez qu'un enfant qui, à partir de l'âge de sept ans, déposerait chaque mois à la caisse d'épargne la somme de un franc jusqu'à 21 ans et de deux francs de 21 à 60 ans, posséderait à cet âge 2.829 fr., dans lesquels les dépôts n'entrent que pour 1,104 fr., le reste, c'est-à-dire 1,715 fr., est la représentation des intérêts. Voilà, mes amis, ce que vous apprend ce petit cahier appelé livret de caisse d'épargne. Je me hâte d'ajouter que déjà le plus grand nombre d'entre vous l'a compris et que, sans que cela ait en rien diminué le plaisir passager que peut causer une fantaisie satisfaite, 79 de nos agrégés ont su faire assez de petites économies pour que, réunies, elles présentent aujourd'hui un capital de 4.397 fr. Continuez, mes enfants, cela nous prouvera que vous voulez, comme vos parents, devenir de bons et honnêtes ouvriers.

C'est tellement là le désir de la Société qu'elle a voulu encore exciter votre émulation au travail par la création de deux bourses qui, données au concours et jointes à celle fondée en votre faveur par les élèves du collège, permettent à trois d'entre vous de suivre les cours de l'instruction primaire supérieure. Travaillez donc, mes amis, et plus tard vous serez non-seulement d'honnêtes ouvriers, mais aussi de bons citoyens.

Messieurs, la création de l'agrégation assure, j'en ai l'espérance, l'avenir de la Société. N'avons-nous pas formé ainsi une pépinière de sociétaires pour lesquels l'âge d'admission à ce titre a été abaissé de deux ans, et comme vous avez décidé en outre que les jeunes gens appelés par la loi du recrutement continueraient, malgré leur absence, à compter dans vos rangs, il en résulte que vos enfants font déjà partie de la Société depuis treize ans, soit comme agrégés, soit comme sociétaires, quand ils sont forcés de quitter leurs foyers, qu'à leur retour ils n'ont pas perdu leur rang de sociétaires et que leurs années de service militaire leur comptent également comme années de présence parmi vous.

Dans l'intérêt des malades, vous avez apporté à un article de votre règlement une modification importante : je veux parler de celui d'après lequel tout sociétaire qui tomberait malade hors de Soissons serait tenu, pour pouvoir profiter des avantages de la Société, de venir s'y faire soigner. Vous avez voulu obvier à ce grave inconvenient qui s'est présenté plusieurs fois ; nous nous sommes entendus avec les Sociétés des villes voisines dont les Présidents ont bien voulu se rendre à Soissons, et désormais tout membre d'une des Sociétés adhérentes peut réclamer des secours et des soins, s'il se trouve dans une des villes où fonctionnent ces Sociétés. C'est ainsi qu'un de nos sociétaires, tombé malade à Laon, a été traité dans cette ville comme s'il faisait partie de sa Société de secours mutuels.

Les malades, les enfants et les vieillards n'ont pas été seuls, Messieurs, l'objet de vos préoccupations : vous avez songé aussi aux veuves et aux orphelins que la mort fait parmi vous, et lorsqu'une loi de 1868 est venue créer une caisse d'assurance en faveur des classes ouvrières, vous vous êtes empressés d'y souscrire et à chaque décès, au moyen de notre assurance collective, il est versé à la Société une somme de 200 francs, dont la moitié entre dans la caisse sociale pour subvenir aux frais funéraires, l'autre moitié est partagée entre la veuve et les enfants, et s'il n'en existe pas ou s'ils ont dépassé l'âge fixé par le règlement, elle est remise tout entière à la veuve ; la portion revenant aux enfants est convertie en livrets de caisse d'épargne. Vous avez assuré ainsi aux veuves pour le présent, aux enfants pour l'avenir, un secours que vous ne pouviez accorder avant la création de la caisse d'assurance.

Les améliorations successives apportées au règlement édicté en 1840 ont nécessairement augmenté les dépenses, et cependant les soins n'ont jamais manqué à nos malades. 1,496 les ont réclamés pendant 34,597 journées, réparties sur 4,461 sociétaires formant le total de tous ceux qui ont été présents chaque année. Nos ressources ont suffi, et bien au-delà, comme vous allez le voir, à assurer tous les services, et il nous reste aujourd'hui un fonds de réserve de 28,946 fr. 65 c. En effet, Messieurs, les recettes depuis la fondation, se sont élevées à 130,083 fr. 87 c., sur lesquels les membres honoraires nous ont gratifiés, tant en legs qu'en dons et cotisations, de 48,140 fr. 20 c.; les intérêts des capitaux placés ont produit 10,230 fr. 52 c.; les recettes diverses, dans lesquelles il faut faire entrer les primes d'assurance sur la vie, montent à 5,919 fr. 35 c.; de leur côté, les membres participants, par les cotisations, les amendes et les droits d'entrée, ont concouru à la recette totale pour 65,793 fr. 80 c.

Le chapitre des dépenses se solde par une somme de 101,137 fr. 22 c., ainsi répartis: les honoraires des médecins se sont élevés à 14,094 fr.; la pharmacie, à la charge de la Société depuis 1866 seulement, a coûté 7,186 fr. 28 c.; les malades ont reçu comme indemnité 42,745 fr. 25 c.; les frais funéraires ont exonéré les familles de 3,525 fr.; les veuves, les orphelins et les incurables ont touché 6,642 fr. de secours; nous avons versé 14,100 fr. à la caisse de retraite, et 3,517 fr. à la caisse d'assurance sur la vie; enfin, les frais de gestion et les dépenses diverses sont comptés pour 9,327 fr. 69 c. Si, des 130,083 fr. 87 c. de recettes, vous déduisez les 101,137 fr. 22 c. de dépenses, vous trouverez, comme je vous le disais plus haut, que notre fonds de réserve s'élève aujourd'hui à 28,946 fr. 65 c. D'un autre côté, nous possédons à la caisse de retraite un capital de 23,821 fr. 09 c., et comme nous n'y avons versé que 14,100 fr., c'est 9,721 fr. 09 c. que nous ont produits les intérêts de cette caisse et les subventions qui nous ont été allouées. En résumé, nos ressources, tant en fonds de réserve qu'en fonds de retraite, s'élèvent à la somme totale de 52,767 fr. 74 c.

Vous le voyez, Messieurs, notre situation est excellente, nous pouvons parer à toutes les éventualités. Cependant je dois vous faire remarquer la conséquence qui ressort de la comparaison des recettes et des dépenses : c'est que les membres participants n'ayant contribué à former l'avoir de la Société que pour une somme de 65,793 fr. 80 c, et les dépenses étant de 101,137 fr. 22 c., il eût été impossible à la Société de fonctionner sans la présence parmi nous des membres honoraires. Ce résultat n'est pas vrai pour notre Société seulement, mais pour toutes les Sociétés de secours mutuels.

Merci donc à vous, Messieurs les membres honoraires et à vous aussi, Mesdames, qui avez bien voulu vous joindre à eux et nous avez demandé à être inscrites parmi les membres de la Société ; c'est à vous que nous devons notre prospérité, nos efforts tendront sans cesse à nous en rendre toujours dignes.

Et vous, Messieurs les membres participants, vous venez d'entendre les heureux résultats auxquels nous sommes parvenus ; faites-les connaître et notre Société deviendra encore plus nombreuse et plus prospère ; dites à vos camarades, qui jusqu'à présent n'ont pas su apprécier les avantages de la mutualité, tout ce que la Société fait pour ses membres ; dites-leur que jamais un sociétaire n'est abandonné dans le malheur, que si un homme dans la force de l'âge est entouré de soins lors des maladies qui peuvent l'atteindre, l'enfant rencontre dans chacun de nous un protecteur, le vieillard un bras pour le soutenir, la veuve et l'orphelin des appuis qui ne leur manqueront jamais.

---

Après la présentation de ce Rapport, M. Perin a lu la note suivante, qui présente le tableau des résultats obtenus par toutes les Sociétés de France :

J'ai reçu, il y a deux jours, le rapport sur les opérations des Sociétés de secours mutuels pendant l'année 1874, présenté à M. le Président de la République par M. le Ministre de l'intérieur. Il m'a semblé utile d'en faire un résumé qui vous apprendra à quels immenses résultats sont arrivées les Sociétés de secours mutuels.

Au 31 décembre 1874, il existait en France 5,548 Sociétés approuvées ou simplement autorisées ; elles comprenaient 846,434 membres, dont 115,761 honoraires, et elles possédaient un capital de 83,707,909 fr. 43 c., dont 15,586,340 fr. 35 c. avaient été versés dans l'année, et sur cette dernière somme il a été dépensé 13,270,590 fr. 07 c. ; dans cette dépense les versements à la caisse des retraites figurent pour 915,271 fr. 51 c.

Le nombre des journées de maladie s'est élevé à 3,738,541 pour 183,169 malades auxquels il a été versé la somme de 4,170,160 fr. 49 c. comme indemnité de journées ; les honoraires des médecins se sont élevés à 1,727,456 fr. 08 c. ; les frais pharmaceutiques à 2,100,832 fr. 59 c. ; les frais de gestion ont été de 682,271 fr. 50 c., et les frais funéraires de 579,973 fr. 83 c.

2,582 Sociétés possédaient comme fonds de retraite un capital de 23,694,752 fr. 54 c., fournissant une somme de 372,288 fr. à 5,577 retraités. En outre, 13,019 pensions étaient payées sur les fonds de réserve par un grand nombre de Sociétés qui y employaient un capital de 1,111,661 fr. 54 c.. Dans le compte du fonds de retraite, le département de l'Aisne est classé le trente et unième, pour un capital de 186,395 fr. 54 c.

Enfin 43 Sociétés seulement avaient contracté une assurance sur la vie pour une somme de 27,774 fr. 65 c. La Société de Soissons est la seule qui figure dans cet état pour le département de l'Aisne.

## OPÉRATIONS DE 1875.

### PERSONNEL.

| | |
|---|---|
| Membres honoraires présents au 1er janvier... | 191 |
| Entrés dans l'année..... | 20 |
| Total........ | 211 |
| Sortis dans l'année. .... | 16 |
| Présents au 31 décembre | 195 |
| Membres participants présents au 1er janvier.. | 228 |
| Entrés dans l'année.... | 34 |
| Total....... | 262 |
| Sortis dans l'année...... | 22 |
| Présents au 31 décembre | 240 |
| Agrégés et orphelins présents au 1er janvier.. | 70 |
| Entrés dans l'année..... | 20 |
| Total........ | 90 |
| Sortis dans l'année...... | 2 |
| Présents au 31 décembre | 88 |
| La Société se composait au 31 décembre 1875 de | |
| Membres honoraires.... | 195 |
| Membres participants... | 240 |
| Agrégés et orphelins.... | 88 |
| Total........ | 523 |

84 sociétaires ont été malades pendant 1739 journées.

## SITUATION FINANCIÈRE.

### RECETTES.

| | | |
|---|---|---|
| Avoir au 1er janvier | 26,551 | 96 |
| Subventions, dons et legs | 1,120 | 10 |
| Cotisations des membres honoraires | 3,390 | » |
| Id. membres participants et agrégés | 4,488 | 20 |
| Amendes | 437 | 50 |
| Droit d'entrée | 190 | » |
| Intérêt des capitaux placés | 1,163 | 64 |
| Recettes diverses | 65 | 20 |
| Caisse d'assurance | 800 | » |
| | 38,206 | 60 |

### DÉPENSES.

| | | | | |
|---|---|---|---|---|
| Frais de gestion | 808 | 25 | | |
| Honoraires des médecins | 1,366 | » | | |
| Frais pharmaceutiques | 1,322 | 50 | | |
| Indemnités de journées de maladie | 2,809 | » | | |
| Frais funéraires | 225 | » | | |
| Secours aux veuves et aux orphelins | 450 | » | 9,259 | 95 |
| Versement à la caisse des retraites | 1,000 | » | | |
| Versement à la caisse d'assurance | 666 | 20 | | |
| Dépenses diverses | 613 | » | | |
| Capital disponible au 31 décembre | | | 28,946 | 65 |

## Membres du Conseil de la Société pour 1876.

*Président* .................. MM. PERIN.

*Vice-Président* ............ RENARDEUX père.

*Secrétaire*.................. DRAPIER fils.

*Vice-Secrétaire*............ SALINGRE.

*Trésorier*.................. BARBIER.

*Rapporteur*.............. CRÔNIER.

*Secrétaire des Membres hon.*. ROCHARD Alfred.

## Chefs de Sections.

1re — FRANC.

2me — ANDRÉ.

3me — DESMONTIER.

4me — AUVRAY-FRIQUE.

5me — LEFÈVRE-DUMONT.

6me — TELLIER.

7me — LÉPINE.

8me — DRAPIER père

9me — MULOT.

# CANTATE

COMPOSÉE POUR LA SÉANCE

## D'INAUGURATION DE LA SALLE DE LA SOCIÉTÉ,

Paroles de M. R. Fossé d'Arcosse.

Musique de M. E. Mullot,

Exécutée par l'Orphéon de Soissons.

Sous la direction de M. H. Leger.

## LE CHANT DU FOYER

*Dédié à* M. Ch. Perin, *Président.*

I.

Pour célébrer une fête si belle
Ne faut-il pas essayer un refrain.
Allons, Amis, d'une voix fraternelle,
Chantons ensemble, en nous donnant la main.

Que de nos cœurs, qu'un même amour inonde
Un chant s'élève et monte dans les airs ;
Et que la Muse à nos accents réponde
Nous la voulons présente à nos concerts.

Mais regardons là-haut, sur la bannière,
La Muse est là, dans les plis du drapeau,
Montrant d'un doigt inondé de lumière
Trois mots brillants d'un éclat tout nouveau :

Moralité, Travail et Prévoyance.
C'est la devise du bon ouvrier;
De son labeur soutenant l'espérance,
Elle est l'honneur de son chaste foyer.

II.

Qu'il est doux, la tâche étant faite
De rentrer bien vite au logis.
Durant que le repos s'apprête
On reçoit le baiser des fils,

La grand'mère est auprès de l'âtre
Souriant sous ses blancs cheveux,
Au bruit de l'enfance folâtre
Qui l'étourdit de cris joyeux.

Et là-bas un ange sommeille,
C'est notre dernier au berceau ;
Aucun tapage ne l'éveille
Et de nous tous c'est le plus beau.

III.

Quand la souffrance au teint livide
Franchit le seuil de la maison,
Frères, vos mains que l'amour guide
Nous apportent la guérison.

Et si jamais la mort ou l'âge
Fait parmi nous des malheureux,
Comment peut-on perdre courage
N'êtes-vous pas à côté d'eux ?

Car tous à l'amitié fidèles
Vous soutenez dans le chemin,
En les abritant sous vos ailes,
Et le vieillard et l'orphelin.

IV.

Mais écartons de nous les tableaux de tristesse,
Ne mêlons pas des pleurs à ce jour d'allégresse,
Et répétons toujours ces quatre mots si doux :
AIMONS-NOUS, AIDONS-NOUS *(bis)*.

Puis la main dans la main poursuivons la carrière,
En nous groupant ensemble autour de la bannière ;
Aimons-nous, Aidons-nous, avec des cœurs pieux ;
Et demandons à Dieu de nous bénir des cieux !

SOISSONS. — IMPRIMERIE FOSSÉ D'ARCOSSE FILS,
Rue Saint-Antoine, 15.

www.ingramcontent.com/pod-product-compliance
Lightning Source LLC
LaVergne TN
LVHW050510160826
845677LV00003B/1059